AF339654

QUELQUES NOTIONS
D'HISTOIRE ET DE DROIT

A PROPOS

DES MILLIONS
DES D'ORLÉANS

Par B. L'HERMITE

Le bien d'autrui tu ne prendras
Ni retiendras à ton escient.
7e COMMANDEMENT.

Spoliatus antè omnia restituendus.

(2e ÉDITION)

CHARLEVILLE

TYPOGRAPHIE ET LITHOGRAPHIE DE A. POUILLARD.

—

1876

Paraîtra prochainement :

**Histoire de dix-huit années de paix,
de prospérité et de liberté.
1830-1848.**

QUELQUES NOTIONS
D'HISTOIRE ET DE DROIT

A PROPOS DES

MILLIONS DES D'ORLÉANS

L'esprit de parti, avec une habileté sans égale, invente, colporte et exploite des légendes, dans lesquelles la vérité historique est généralement traitée, comme les femmes bulgares par les bachi-bouzouks.

Une de ces légendes est celle des « *Millions de la famille d'Orléans,* » qu'on cherche à propager et à accréditer jusque dans les moindres bourgades.

Elle est le produit de la peu édifiante collaboration de deux partis qui, sans cesser de se détester cordialement, ont su néanmoins s'entendre pour faire, de leur mauvaise foi et de leurs haines, un fonds commun avec lequel ils spéculent sur l'ignorance et la crédulité publiques.

Tout moyen leur est bon pour attaquer et

essayer de discréditer une famille dans laquelle, suivant l'expression de M. Dufaure, tous les hommes sont braves et toutes les femmes vertueuses.

. . . .

Nous ne voulons parler — cela va sans dire — ni des républicains honnêtes, ni des bonapartistes loyaux, — de ceux qui ont des convictions ou le culte des souvenirs, — mais des sectaires du radicalisme démagogique et du radicalisme césarien, qui n'ont que des intérêts et des appétits, des rancunes et des convoitises.

Oublieux, à l'occasion, les uns du 4 septembre, et les autres du 2 décembre, ont les voit faire campagne ensemble et parcourir les foires, pour y débiter : « *La légende des millions des d'Orléans.* » Ceux-ci tournent la manivelle de l'orgue, pendant que ceux-là chantent, et, récemment encore, le journal le plus républicain de Charleville accompagnait de son tambour de basque des paroles écrites et notées par M. Paul de Cassagnac.

Les trombones radicaux exécutent la musique du *Pays* et de l'*Ordre,* et un grand nombre de braves gens, étourdis par ce vacarme, arrivent inconsciemment à croire que les héritiers du roi Louis-Philippe ont fracturé les coffres de la République, pour y prendre des millions et des millions dont elle avait tant besoin, pour payer les frais de la guerre et libérer son territoire.

C'est contre l'erreur en laquelle on induit ces braves gens que nous voulons réagir.

Par cela seul qu'on tient une plume, si mal habile et si mal taillée qu'elle soit, on a le devoir de l'user, s'il le faut, à revendiquer les droits de l'histoire contre les impostures calculées de la légende.

A la persistance et à la périodicité de la calomnie et du mensonge, il importe d'opposer la persistante et périodique affirmation de la vérité.

C'est ce que nous allons faire avec la triple autorité de l'histoire, du Code civil et des chiffres.

*
* *

Par la mort violente de son père, Louis-Philippe, de duc de Chartres, était devenu duc d'Orléans.

Après s'être vaillamment battu, à Valmy et ailleurs, il avait dû suivre le flot de l'émigration — n'emportant rien qu'un grand nom et un cœur à la hauteur de ce nom.

La Révolution avait confisqué tous les biens de son père; non-seulement les biens apanagers, mais encore ceux qui n'avaient nullement nature d'apanage, tels que les biens de sa mère.

L'apanage — il est nécessaire de l'expliquer ici, pour l'intelligence de ce que nous avons à dire — était une sorte de dotation, généralement immobilière, que l'ancien régime constituait aux fils puînés et aux frères des rois, dont le patrimoine, par le seul fait de leur avènement au trône, se trouvait incorporé au domaine de l'Etat. C'était, en définitive, moins un avantage qu'une indemnité et un dédommagement accordés aux Princes du sang, en compensation de leurs droits héréditaires annihilés.

Proscrit, dépouillé de l'apanage, spolié des biens paternels et maternels, Louis - Philippe parcourut une partie de l'Europe et de l'Amérique. D'Amérique, il revint en Suisse où il vécut, pendant un certain temps, dans la petite ville de Reichenau, en donnant des leçons de mathématiques. Enfin, il passa en Sicile.

Là, il eut le bonheur de rencontrer une princesse accomplie, digne de lui, et dont la grande fortune était le moindre mérite. Elle devint sa femme, sans s'effrayer de sa pauvreté — pas plus qu'elle n'avait été séduite par le titre de duchesse d'Orléans ou par l'espérance, impossible à concevoir alors, de devenir un jour Reine des Français.

La chute de l'Empire, en 1814, rouvrit les portes de la Patrie au duc d'Orléans.

Rétabli prince du sang, et dès que les circonstances le lui permirent, il s'occupa — c'était son droit et son devoir — de mettre de l'ordre dans ses affaires.

En mourant, son père avait laissé une succession colossale : un actif de 114 millions et un passif de 74, constatés dans l'inventaire qui fut dressé par la Convention.

L'excédant de l'actif sur le passif était donc de 40 millions.

Que retrouva Louis-Philippe de la succession paternelle ?

Douze millions d'actif seulement et *trente millions de dettes,* que la première République et le premier Empire avaient oublié de payer.

Au lieu de rentrer en possession d'un avoir net et liquide de quarante millions, il héritait donc de....... DIX-HUIT MILLIONS DE DETTES A PAYER, devant lesquelles il ne recula pas plus que devant les batteries autrichiennes à Valmy.

Il accepta bravement tout. C'était donc QUARANTE-SIX millions que lui coûtait la Révolution, sans compter la perte de la jouissance et des revenus pendant vingt-deux ans — c'est-à-dire à peu près ce que le second Empire coûta à ses héritiers, — soixante-dix millions environ.

De l'héritage maternel, il ne restait rien et, de ce chef, il ne fut traité ni autrement, ni mieux que la masse des émigrés révolutionnairement dépossédés.

Il vint, au marc le franc, dans le milliard d'indemnité voté par les Chambres, et reçut sept millions six cent mille francs, à partager entre lui et Mme Adelaïde, sa sœur, dont l'existence et la fortune restèrent indissolublement liées à sa fortune et à son existence.

Avec ces débris, à force d'ordre, d'intelligence et d'*honnête* entente des affaires, Louis-Philippe réussit, puissamment secondé par la duchesse et par sa sœur, à payer intégralement les trente millions de dettes qui n'étaient plus, en réalité, celles de son père, mais bien plutôt celles de la Révolution et de l'Empire à qui incombait de désintéresser les créanciers de Philippe d'Orléans, puisqu'ils avaient pris ses biens.

Nous venons de montrer Louis-Philippe avant 1830.

On va le voir devenu Roi des Français.

*
* *

On a aussi indignement dénaturé le caractère du roi Louis-Philippe, que ridiculement et mensongèrement exagéré le chiffre de sa fortune, inférieure à celle de plus d'un banquier, ainsi qu'on a pu s'en convaincre.

Quelques-uns ont dit et beaucoup ont répété — de confiance — qu'il était avare et thésauriseur.

On saura bientôt ce qu'il en faut croire.

1830 est arrivé.

Le trône, renversé la veille, dans un accès de fureur, et relevé le lendemain, dans une éclaircie de sagesse, est offert par les représentants de la nation à Louis-Philippe, que son patriotisme détermine à accepter la couronne.

Que se passe-t-il alors ?

Tous les biens composant l'apanage d'Orléans, et notamment le Palais-Royal, font retour au domaine de l'Etat dont ils ne doivent plus sortir. Le roi et ses héritiers n'ont plus aucun droit sur ces biens.

En est-il, et en doit-il être de même de la fortune privée du roi, de ses biens maternels et autres propriétés personnelles ?

Évidemment non. Cette fortune reste et devait rester soumise au droit commun et continuer à être régie par les dispositions ordinaires du Code civil, relatives à la propriété, à ses modes de jouissance et de transmission.

Le vieux statut monarchique était modifié comme la Constitution du pays, comme la monarchie elle-même, transformée en une sorte d'institution contractuelle.

C'est si vrai et si juridique que la loi du 5 mars 1832, votée par les Chambres, pour fixer la liste civile du nouveau règne, abolissait en même temps les apanages, qui n'avaient plus de raison d'être, puisque les princes du sang n'étaient plus expropriés de l'héritage paternel.

Virtuellement et expressément, par la force des choses et par la loi, le souverain constitutionnel conservait, comme le dernier des citoyens, la libre disposition de tout ce qui, dans son domaine, n'était pas d'origine apanagère et soumis aux restrictions de l'apanage.

Nous laisserons régner Louis-Philippe et ne

dirons rien des dix-huit années de liberté, de paix et de prospérité de bon aloi que lui dut la France.

De 1830 il nous faut sauter à 1848 — d'une révolution à une autre.

Fatiguée, sans doute, de liberté vraie, de paix honorable et de prospérité honnête, la France a soif d'aventures et une insurrection victorieuse rejette dans l'exil la monarchie constitutionnelle, le monarque libéral et sa famille.

Nous ne jugeons pas, nous ne racontons même pas : nous nous bornons à mentionner ce qui est indispensable pour l'éclaircissement de la question des millions.

Un des premiers soins du gouvernement provisoire de 1848, fut de placer sous séquestre les biens de Louis-Philippe, jusqu'à liquidation de la liste civile, mais sous réserve, en faveur de l'ex-roi ou de ses ayant cause, de tous leurs droits de propriété.

Ce n'était pas, croyons-nous, une mesure politique : ce n'était pas surtout un acte de dépos-'session ou de spoliation révolutionnaire, mais plutôt une précaution, fort superflue d'ailleurs, et destinée à garantir certains intérêts de l'Etat et ceux des créanciers de la Couronne, car Louis-Philippe laissait des dettes considérables, — *pour quarante millions environ!*

Comment ? va-t-on se récrier, des dettes !

Oui. Ce prince qui, noblement, avait payé les

dettes de son père, en avait contracté à son tour, et beaucoup.

Un homme dont tous les partis honorent la loyauté, égale à son talent, — l'honorable M. Bocher, dont la parole fait autorité, va nous révéler l'origine de ces dettes.

« Ce roi avare, dit-il, ce roi thésauriseur; ce
« qu'il a amassé, pendant dix-huit ans de règne,
« ce n'étaient pas des richesses, mais des dettes.
« Il avait laissé, en quittant la France, près de
« quarante millions à payer. Et pourquoi cette
« charge énorme? Où en était la cause? Etait-elle
« la faute du désordre ou de la passion? Avait-
« elle été contractée dans l'intérêt du père de
« famille, pour accroître son domaine, l'héritage
« de ses enfants? Oh! non. Elle était le prix
« de nobles et généreuses dépenses. *Toutes ces*
« *sommes avaient été employées au profit de la*
« *nation et dans l'intérêt de sa grandeur!* Elles
« avaient *relevé, enrichi ses monuments, ses palais,*
« *ses musées!* Meudon, Saint-Cloud, Pau, Fontai-
« nebleau, Versailles, voilà les grands travaux
« de la *liste civile*, qui ont grevé le DOMAINE
« PRIVÉ, *la fortune particulière du prince.* »

Et en quoi consistait le domaine privé, la fortune particulière du prince?

En quatre-vingt millions d'immeubles, et en une créance de quinze millions sur l'Etat, créance reconnue par une loi. De sorte que, déduction faite des dettes, tout l'avoir royal se réduisait à

CINQUANTE-CINQ MILLIONS, représentés par des châteaux et des forêts d'un modique revenu.

Il y a loin de là à cette fortune fabuleuse, grossie à plaisir, volontairement et calomnieusement exagérée, pour en faire suspecter l'origine.

Peut-on dire, maintenant, que Louis-Philippe s'est enrichi sur le trône?.....

*
* *

La famille royale est en exil, la liquidation, confiée à la science et à l'honnêteté de M. Vavin, suit son cours et il est permis d'espérer que la levée du séquestre rendra bientôt aux princes d'Orléans la possession et la disposition du patrimoine dont la République de 1848 ne leur a pas, un instant, contesté la légitime et inattaquable propriété.

Non. — Le suffrage universel qui a refusé même une minorité honorable à la probité républicaine et au dévouement patriotique d'Eugène Cavaignac — le suffrage universel a remis les destinées de la République au prince Louis-Napoléon, que Louis-Philippe avait grâcié et gratifié après Strasbourg, pour le laisser évader, ensuite, après Boulogne.

On sait ce qui arriva.

Par une triste journée de décembre 1851, la France apprit qu'il y avait, dans son histoire, un pendant au 18 brumaire.

Gardien de la loi et chef de l'armée, le prince Napoléon avait tourné l'armée contre la loi, et la liberté, compromise par les excès et les menaces des révolutionnaires, avait été sacrifiée à l'ambition des uns, par l'affolement des autres.

. . . .

Quelques semaines après la violence faite à la souveraineté nationale, dans la personne de ses représentants, et à la majesté de la justice, dans la personne des juges de la cour de cassation, le tour de la propriété arriva.

En ce temps là aussi, *la Force primait le Droit*.

Un décret du 22 janvier 1852 déclara confisqués les biens meubles et immeubles faisant partie du domaine privé du roi Louis-Philippe.

Un homme dont le cœur n'est pas toujours resté à la hauteur de l'esprit et de la science, le procureur général Dupin, trouva alors un mot exact, dans sa cruauté sarcastique, pour qualifier le décret du 22 janvier.

« C'est le premier vol de l'aigle, » dit-il après avoir lu le *Journal officiel*.

En effet :

Intentionnellement injurieux pour la mémoire du souverain déchu, ce décret, visait à libeller en articles de loi les calomnies répandues sur la fortune de Louis-Philippe. Pour essayer de justifier un acte injustifiable, il imputait au roi d'avoir gardé l'apanage d'Orléans et d'en avoir frustré le domaine de l'Etat.

En vue de se soustraire au reproche de spoliation, le spoliateur accusait le spolié de stellionat,
c’est-à-dire d’avoir disposé de ce qui ne lui appar-
tenait pas.

Nous en avons dit assez plus haut pour que le
lecteur ne tombe pas dans le piége tendu par les
auteurs du décret de 1852 — piége grossier, dont
tout l’artifice consistait à induire en erreur la
crédulité publique, à l’aide d’une confusion perfi-
dement présentée, entre l’apanage d’Orléans qui
devait faire et avait fait retour au domaine de
l’Etat, et les biens personnels du prince, dont les
nouvelles conditions de la monarchie et la loi du
5 mars 1832 assuraient la propriété à ses
héritiers.

Il n’était ni plus difficile, ni moins illégal, de
confisquer les biens des généraux Changarnier et
Lamoricière, ou ceux de MM. Thiers et Odilon-
Barrot, conduits à Mazas par ordre du prince-
président — ou même ceux de Martin-Bidauré
qui fut deux fois fusillé par le préfet Pastoureau.

Là où le million perd ses droits, a-t-on dit, le
franc ne conserve pas longtemps les siens.

Le décret du 22 janvier était une menace sus-
pendue sur toutes les propriétés.

Ne disait-il pas, en effet, dans un de ses étran-
ges « *considérants* » que les princes d’Orléans,
dépouillés du patrimoine paternel, conservaient
une fortune personnelle suffisante pour tenir leur
rang dans la société.

C'était résumer, en deux lignes, les plus monstrueuses théories du socialisme et du communisme avec lesquels le césarisme a plus d'une affinité.

Ce « considérant » était la fausse clef avec laquelle on pouvait violer les coffres-forts du capitaliste, le comptoir du boutiquier et même les portes de la caisse d'épargne.

*
* *

En vain, les mandataires de la famille d'Orléans voulurent saisir la justice de l'acte inique qui dépouillait leurs mandants.

Un déclinatoire dessaisit les tribunaux du litige et la spoliation parut irrévocablement consommée.

Elle ne pouvait l'être. La loi, égale pour tous, protégeait, même contre la prescription, les droits et les revendications ultérieures des princes — revendications dont le succès, dans des temps meilleurs, était assuré par l'art. 2233 du Code civil, ainsi conçu :

« ART. 2233. — *Les actes de violence ne peuvent fonder une possession capable d'opérer la prescription.* »

La spoliation devait prendre fin, en 1870, avec l'Empire qui l'avait décrétée, mais, par suite des circonstances que chacun connaît, la restitution ne put avoir lieu qu'à la fin de 1872.

Les héritiers de la Maison d'Orléans avaient

donc été privés pendant plus de vingt-quatre ans du patrimoine paternel, de sa jouissance et de ses revenus.

Quand, à son grand honneur, la République comprit qu'il fallait restituer à ces Français l'héritage de leur père, il n'en restait plus que *quarante-cinq millions* environ et non *soixante*, comme on l'a écrit.

Elle les leur offrit et ils les acceptèrent.

Cette restitution était-elle de droit ?

Nul n'a osé le contester. Elle était commandée par les principes éternels, antérieurs et supérieurs à toutes les lois écrites.

Elle était commandée encore par le principe du droit romain : « *Spoliatus antè omnia restituendus*, » que plus d'une de nos lois reproduisent et fortifient.

Elle était même garantie contre l'action du temps par l'article 2233 du Code civil, que nous avons reproduit.

Elle était, enfin, réglée, dans ses détails et dans ses accessoires, par les dispositions des articles 549 et 584 du même code, que voici :

« ART. **549**. — Le simple possesseur ne fait les fruits siens, *que dans le cas où il possède de bonne foi :* DANS LE CAS CONTRAIRE, il est tenu de *rendre les produits, avec la chose,* au propriétaire qui la revendique. »

« ART. **584**. — Les fruits civils sont les loyers des maisons, les intérêts des sommes exigibles,

les arrérages des rentes. Les prix des baux à ferme sont aussi rangés dans la classe des fruits civils. »

Nous venons de dire qu'il ne restait que pour quarante-cinq millions d'immeubles de la fortune privée de Louis-Philippe, qui avait été détenue, pendant vingt-quatre ans par l'Etat français, — lequel ne la détenait que par suite d'un acte de violence (art. 2233), et ne pouvait, dès-lors, invoquer sa bonne foi pour conserver les fruits (art. 549).

Les princes se contentèrent de recevoir, sans rien demander de plus, ces quarante-cinq millions tant reprochés — ou plutôt ces immeubles, et donnèrent *quitus* du reste à la République.

Or, sait-on à quel chiffre peut être évalué ce reste si libéralement abandonné ?

A SOIXANTE-DIX MILLIONS, comme nous allons l'établir.

Louis-Philippe, on l'a vu, avait laissé en France, à l'époque de 1848, un actif de 95 millions, dont 80 millions en immeubles, et 15 millions, montant d'une créance sur l'État, reconnue et liquidée par une loi.

Son passif était de 40 millions de dettes, dont nous avons fait connaître l'honorable origine.

Le revenu des immeubles bien gérés, cumulé avec l'intérêt des 15 millions dus par l'État, pouvait donner annuellement un total de trois millions deux cent mille francs, eprésentant 8 0/0 des dettes et permettant de les amortir, intérêt et capital en 18 années. Il était facile de les amortir plus économiquement et plus vite, mais nous nous en tenons à l'amortissement ordinaire, par abandon du revenu.

Qu'on retienne bien ceci et qu'on n'oublie pas, non plus, les termes de l'art. 549 du code civil qui autorisait les princes à revendiquer *les fruits* de l'héritage dont ils avaient été iniquement dépossédés.

Ils étaient fondés, dès-lors, à réclamer les sommes suivantes :

Valeur en nature et en argent des immeubles paternels............................ 80,000,000

Somme due par l'État, en vertu d'une loi............................ 15,000,000

Revenus et intérêts non capitalisés de ces 95 millions, pendant 24 ans............................ 76,800,000

Ensemble........ 171,800,000

De ces 171,800,000 il y a lieu de déduire 18 annuités du revenu de 3,200,000 francs environ, qui pouvait éteindre, en 18 ans, le passif de quarante millions — soit : 57,600,000 francs.

La famille d'Orléans était donc créancière de l'État, au jour de la restitution, d'une somme de............................ 114,200,000

Il ne lui a été restitué qu'une valeur de............................ 45,000,000

Elle était donc définitivement créancière de............................ 69,200,000 après avoir reçu cette restitution partielle de 45 millions, qui a dû être répartie sur huit branches, comprenant ensemble cinquante-deux membres et dont l'une est la maison royale de Belgique.

Nous avons déjà dit comment se sont conduits alors les représentants de cette race qu'on voudrait faire passer pour insatiable et cupide.

Répétons-le.

Heureux d'avoir retrouvé leur place au foyer de la patrie; heureux d'avoir retrouvé — et dans quel état — une partie des maisons, des champs et des bois paternels, ils se sont contentés de ces maisons, de ces champs et de ces bois.

Ils n'ont demandé à la France et la France n'a tiré pour eux de ses caisses, ni un *million,* ni un FRANC, ni un CENTIME.

Ils pouvaient cependant lui réclamer soixante-dix millions, auxquels la loi leur donnait droit et que leur eût accordés la justice. Ils lui en ont passé quittance en lui disant :

« Garde-les : tu es trop pauvre, pour que nous, tes fils, cherchions encore à t'appauvrir, en te les réclamant.

« Garde-les , pour payer les dettes de l'Empire ou pour acheter la libération de ton territoire, à la défense duquel ont concouru ceux d'entre nous que ton gouvernement n'a pas pu en empêcher.

« Nous ne te demandons qu'une chose : tu as besoin de soldats fidèles et dévoués et nous sommes, tu le sais, une race de soldats sans peur et sans reproche — veux-tu de nous, aujourd'hui, à ton service ?..... »

Et ils sont au service de la France.

Et la presse qui leur reproche d'avoir exigé et reçu des millions, alors qu'au contraire ils n'ont pas voulu réclamer ceux qui leur étaient dûs — cette presse leur reproche encore : à l'un — à celui qui a jugé Bazaine — son traitement de général de division; à un autre — à celui que Gambetta a décoré, sans le connaître, quand il se battait sous le nom de Robert Lefort — les appointements du grade de lieutenant-colonel, dont il remplit les fonctions; à un troisième enfin, sa solde de lieutenant de vaisseau.

Et parmi ceux qui crient le plus fort, le plus grand nombre feraient bien de ne pas oublier que le silence est d'or.

*
* *

Notre tâche est remplie.

Que subsiste-t-il, nous le demandons aux honnêtes gens qui ont lu ces pages, des odieuses accusations de lésinerie, d'avarice et de rapacité dirigées contre Louis-Philippe et sa famille.

Que subsiste-t-il de ces histoires de millions dont le père aurait appauvri la France — et de ces autres millions que les fils auraient exigés, quand le pays avait tant besoin de ses ressources.

Rien. Rien. Rien.

On a dit, on a écrit et on écrit encore que la famille d'Orléans s'était scandaleusement enrichie au préjudice de la France — qu'elle avait, c'est le mot dont on se sert, *volé* les millions de la France.

Légende que cela. — Plus que légende....... Mensonge et calomnie; odieuses inventions de l'esprit de parti.

La vérité, la vérité de l'histoire est celle qui est inscrite dans les budgets : c'est qu'à deux reprises différentes — de 1792 à 1814 et de 1848 à 1872 — la France s'est enrichie de cent quarante millions au détriment de cette famille, qui n'a jamais cessé de l'aimer, de la servir, même en exil, et de lui faire honneur.

En terminant cette étude que n'ont inspirée ni la passion politique, ni l'affection, ni la haine, ni l'esprit de prosélytisme, mais seulement un profond amour de la vérité et une invincible horreur de la calomnie, nous nous rappelons les paroles qu'en 1842 Victor Hugo adressait, quelques jours après la mort du duc d'Orléans, au roi Louis-Philippe dont il essayait de consoler l'inconsolable douleur de père.

« Ame haute, disait le poète, calme,
« sereine, ferme et douce; noble intelli-

« gence au niveau de tous les talents ; fils
« de Henri IV par le sang, par la bra-
« voure, par l'aménité cordiale et char-
« mante de sa personne ; fils de la Révo-
« lution, par le respect de tout droit et
« l'amour de la liberté ; entraîné vers la
« gloire militaire par l'instinct de sa race,
« et ramené vers les travaux de la paix par
« les besoins de son esprit ; capable et
« avide de grandes choses, populaire au
« dedans, national au dehors, rien ne lui
« a manqué, excepté le temps, et l'on peut
« dire que tous les germes d'un grand roi
« se manifestaient déjà dans ce prince mort
« si jeune, hélas ! qui aimait les arts comme
« François Ier, les lettres comme Louis XIV,
« et la France comme vous-même..... »

Les frères et les fils du dernier des ducs
d'Orléans, dont on vient de lire le portrait,
ressemblent trop à leur frère et à leur père pour
avoir fait ce qu'il n'aurait pas fait lui-même.

Ayant reçu, comme lui, cette éducation vrai-
ment libérale par laquelle on apprend, dès l'en-
fance, à connaître les luttes de la vie réelle et à
se sentir véritablement Français, ils sont devenus
hommes et princes à la fois — des princes et des

hommes ayant tout le goût de leur race pour les nobles travaux de l'esprit, son patriotisme, sa bravoure, son zèle pour la gloire de nos armes et les intérêts de notre armée. Ils se sont montrés dignes héritiers de cette race, non-seulement sur les champs de bataille d'Afrique, d'Italie, d'Amérique et de France, lors de la dernière guerre, mais encore dans les pays témoins de leur exil, en y étudiant le fonctionnement des institutions libres et en y faisant aimer la France.

Ces Français de vieille souche, après être venus offrir leur sang à la patrie en danger, étaient incapables de venir ensuite tourmenter la patrie mutilée, sanglante et ruinée, pour lui demander de l'argent.

En étant incapables, ils ne l'ont pas fait et nous croyons l'avoir péremptoirement démontré.

B. L'HERMITE.

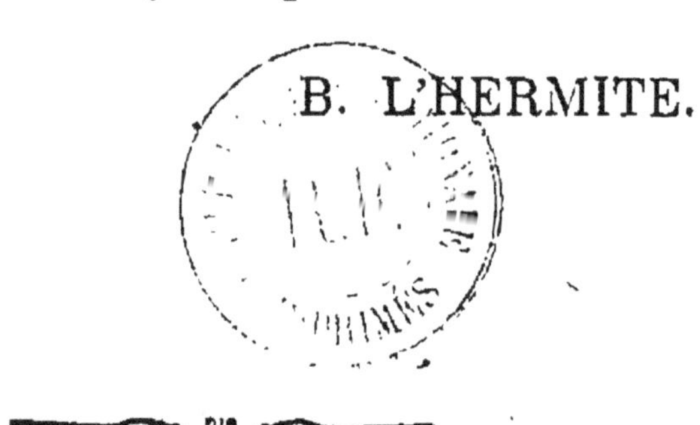